BEI GRIN MACHT SICH I
WISSEN BEZAHLT

- Wir veröffentlichen Ihre Hausarbeit,
  Bachelor- und Masterarbeit

- Ihr eigenes eBook und Buch -
  weltweit in allen wichtigen Shops

- Verdienen Sie an jedem Verkauf

Jetzt bei www.GRIN.com hochladen
und kostenlos publizieren

Carina Gärtner

Rapid Technologie - Neue Möglichkeiten für Unternehmen

GRIN Verlag

Bibliografische Information der Deutschen Nationalbibliothek:

Die Deutsche Bibliothek verzeichnet diese Publikation in der Deutschen National-
bibliografie; detaillierte bibliografische Daten sind im Internet über http://dnb.d-
nb.de/ abrufbar.

Impressum:

Copyright © 2011 GRIN Verlag, Open Publishing GmbH
Druck und Bindung: Books on Demand GmbH, Norderstedt Germany
ISBN: 978-3-640-85120-1

Dieses Buch bei GRIN:

http://www.grin.com/de/e-book/168182/rapid-technologie-neue-moeglichkeiten-
fuer-unternehmen

GRIN - Your knowledge has value

Der GRIN Verlag publiziert seit 1998 wissenschaftliche Arbeiten von Studenten, Hochschullehrern und anderen Akademikern als eBook und gedrucktes Buch. Die Verlagswebsite www.grin.com ist die ideale Plattform zur Veröffentlichung von Hausarbeiten, Abschlussarbeiten, wissenschaftlichen Aufsätzen, Dissertationen und Fachbüchern.

Besuchen Sie uns im Internet:

http://www.grin.com/

http://www.facebook.com/grincom

http://www.twitter.com/grin_com

Diploma Hochschule

Vorlesung: **Informatik I und II**

Rapid Technologie - Neue Möglichkeiten für Unternehmen

Vergabedatum: 16.12.2010

Abgabedatum: 10.02.2011

Vorname/Name: Carina Gärtner

Inhaltsverzeichnis

Abbildungsverzeichnis

Abkürzungsverzeichnis

ABS   Acrylnitril-Butadien-Styrol

CAD   Computer Aided Design

Catia   Computer Aided Three Dimensional Interactive Application

FDM   Fused Deposition Modeling

FLM   Fused Layer Modeling

OP   Operationssaal

RM   Rapid Manufacturing

RP   Rapid Prototyping

RPT   Rapid Prototyping Technologie

RT   Rapid Tooling

STL   Stereolithographie Language

UV   Ultraviolett

3D   Dreidimensional

1 Einleitende Worte

„Mit Laser- oder Tintenstrahldruckern Dokumente oder Fotos auszudrucken ist mittlerweile alltäglich. Die dafür notwendigen Geräte sind für wenig Geld zu haben und praktisch in jedem computerisierten Haushalt zu finden. Jetzt zeichnet sich der Schritt in die dritte Dimension ab: „Drucker", die in der Lage sind, dreidimensionale Gegenstände aus Kunststoff oder Metall zu produzieren."[1]

Heute ist Rapid Technologie vorwiegend in Industrieunternehmen im Einsatz, wo sie verwendet wird, um schnell und kostengünstig aus dreidimensionalen Datensätzen dreidimensionale Prototypen und Muster zu erstellen oder Kleinserien zu produzieren. In der Zukunft wird Rapid Technologie aber wohl auch in normalen Haushalten zu finden sein. „Alltagsgegenstände" - vor allem solche aus Kunststoff – kauft man dann nicht mehr im Laden. Stattdessen lädt man sich die entsprechende dreidimensionale CAD-Datei aus dem Internet und „druckt" sich das gewünschte Teil aus. Natürlich beschränkt sich das nicht nur auf Gebrauchsgegenstände, auch einfache Ersatzteile ließen sich auf diesem Weg schnell besorgen."[2]

Gerade vor dem Hintergrund immer kürzerer Produktlebenszyklen, wachsender Produktkomplexität, steigender Individualität der Produkte und kleineren Serien werden Rapid Manufacturing Verfahren in Zukunft immer mehr an Bedeutung gewinnen.[3] Für Unternehmen aller Branchen eröffnen sich mit dieser neuen Technologie neue Möglichkeiten, da die Einsatzgebiete vielfältig sind.

In dieser Hausarbeit wird aufzeigt, welche neuen Möglichkeiten sich für Unternehmen durch Rapid Technologie eröffnet haben und in welchen Fällen es sinnvoll ist, diese neue Technologie für sich zu nutzen. Zu Beginn werden wichtige Begriffe erklärt und definiert. Im weiteren Verlauf wird die Funktionsweise

---

[1] Vgl. http://www.auge.de
[2] Vgl. http://www.auge.de
[3] Vgl. A. Gebhardt, Rapid Prototyping, München, 2000, S. 30

eines mit dem Material ABS arbeitenden „3D Druckers" aufzeigt. Außerdem werden die Einsatzgebiete von Rapid Technologie in ausgesuchten Branchen genannt.

Zum Schluss der Hausarbeit, werden noch einmal die wichtigsten Punkte erläutert um zu einem Resümee zu gelangen. Ziel dieser Hausarbeit ist es, einen Überblick über Rapid Technologie und deren Anwendung in Unternehmen ausgesuchter Branchen zu bekommen.

2 Definitionen

2.1 Dreidimensional (3D)

3D ist eine verbreitete Abkürzung für dreidimensional und ein Synonym für räumliche Körper. Der Begriff 3D wird oft bei der trigonometrischen Berechnung und Herstellung von räumlichen Volumenmodellen sogenannten 3D-Modellen verwendet.[4]

2.2 Rapid Prototyping Technologie (RPT)

Die Technologie der generativen Fertigungsverfahren gliedert sich in die Anwendungen zur Herstellung von Prototypen und Modellen (Rapid Prototyping) und zur Fertigung von Produkten (Rapid Manufacturing). Die Herstellung von Werkzeugen und Werkzeugeinsätzen wird üblicherweise mit Rapid Tooling bezeichnet, obwohl sie technologisch keine eigene Gruppe begründet, sondern je nach Bauteil dem Rapid Prototyping oder dem Rapid Manufacturing zuzuordnen ist und damit eine Querschnittsmenge bildet.[5]

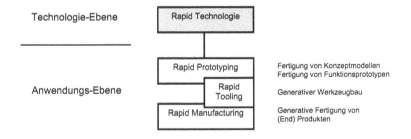

Abbildung 1:   Technologie der generativen Fertigungsverfahren und ihre Gliederung in die Anwendungen Rapid Prototyping und Rapid Manufacturing[6]

---

[4] Vgl. http://www.expoplast.de
[5] Vgl. A. Gebhardt, Rapid Prototyping, München, 2008, S. 4
[6] Vgl. A. Gebhardt, Rapid Prototyping, München, 2008, S. 4

2.3 Rapid Prototyping (RP)

Rapid Prototyping bezeichnet die Anwendung der Technologie der generativen Fertigungsverfahren zur Herstellung von Modellen und Prototypen (physische Bauteile ohne Produktcharakter) direkt aus 3D-CAD Daten. Die Bauteile weisen lediglich einzelne, für die jeweilige Anwendung besonders repräsentative Eigenschaften eines späteren Produktes auf. Ziel ist es, sehr schnell möglichst einfache aber bezüglich einzelner Produkteigenschaften aussagekräftige Modelle herzustellen und damit möglichst frühzeitig einzelne Produkteigenschaften abzusichern. Rapid Prototyping Bauteile sind daher im Sinne der bestimmungsgemäßen Verwendung des zu entwickelnden Produktes meist nicht verwendbar. Das wird auch bewusst beabsichtigt und meist schon durch die Bezeichnung Modelle unterstrichen.[7]

2.4 Rapid Tooling (RT)

Unter Rapid Tooling werden die Anwendungen verstanden, die zum Ziel haben, unter Einsatz von Rapid Prototyping Verfahren Werkzeuge und Formen zur Herstellung von Prototypen und Vorserien zu bauen. Das betrifft das Modell (Positiv) und die Form (Negativ) gleichermaßen.[8]

2.5 Rapid Manufacturing (RM)

Unter Rapid Manufacturing oder Rapid Production werden Rapid Prototyping Anwendungen verstanden, die Produkte mit Seriencharakter erzeugen. Dies können direkt mit Rapid Prototyping Methoden erzeugte Positive (beispielsweise Stecker und dergleichen in Kleinstserien) sein, oder mit Rapid Prototyping erzeugte Werkzeuge, die zur direkten Herstellung der verlangten Stückzahlen verwendet werden können.[9]

---

[7] Vgl. A. Gebhardt, Rapid Prototyping, München, 2008, S. 5
[8] Vgl. A. Gebhardt, Rapid Prototyping, München, 2000, S. 29
[9] Vgl. A. Gebhardt, Rapid Prototyping, München, 2000, S. 29

2.6 Fused Layer Modeling (FLM)

Das Fused Layer Modeling ist ein Verfahren zur Schichtbildung durch Extrusion *(von lateinisch extrudere = hinausstoßen, -treiben)* schmelzflüssiger Thermoplaste und Erstarrung infolge Wärmeleitung.[10]

2.7 Fused Deposition Modeling (FDM)

Ist ein Verfahren der Firma Stratasys und gehört zum Fused Layer Modeling-Verfahren. Das Fused Deposition Modeling-Verfahren verarbeitet ABS-Kunststoff, (Acrylnitril-Butadien-Styrol) welcher sich besonders für Einsatzgebiete mit hoher Beanspruchung eignet. Aus ABS erstellte Modelle sind präziser und genauer. Einzelne Teile passen genau zusammen bzw. rasten ineinander ein. Mit ABS können haltbare, funktionsfähige Prototypen hergestellt werden, die sich nicht verziehen, nicht schrumpfen oder Feuchtigkeit aufnehmen. ABS ist der Kunststoff, der in der Herstellung heute am weitesten verbreitet ist und in Mobiltelefonen, Fernsehern und in den meisten Autoinnenausstattungen Verwendung findet.[11]

2.8 Computer Aided Design (CAD)

Computer Aided Design bedeutet computergestützter Entwurf oder computergestützte Konstruktion, vorzugsweise im Sinne der geometrischen Konstruktion.[12]

---

[10] Vgl. A. Gebhardt, Rapid Prototyping, München, 2000, S. 402
[11] Vgl. http://www.dimensionprinting.com
[12] Vgl. A. Gebhardt, Rapid Prototyping, München, 2000, S. 400

2.9 Computer Aided Three Dimensional Interactive Application (Catia)

Ein von der französischen   Firma Dassault Systémes hergestelltes CAD-Programm, das ursprünglich für den Flugzeugbau entwickelt wurde und sich heute in vielen verschiedenen Branchen etabliert hat. Mit Catia können dreidimensionale Modelle, sowie die Ableitung dazugehöriger zweidimensionaler Zeichnungen erstellt werden. Die Menüführung von Catia ist Windows-basierend.[13]

2.9 Stereolithographie Language (STL)

STL ist ein Schnittstellenformat für dem Austausch von Geometriedaten zwischen CAD-System und Rapid Prototyping Anlagen.

Ursprünglich: Standard Transformation Language. Anfangs zum einfachen Schattieren von 3D-CAD Strukturen entwickelt, wurde es vom Rapid Prototyping, insbesondere der Stereolithographie, vereinnahmt, und daher umbenannt.[14]

---

[13] Vgl. http://www.3ds.com
[14] Vgl. A. Gebhardt, Rapid Prototyping, München, 2000, S. 404

3 Funktionsweise eines „3D Druckers"

Die Beschreibung der Funktionsweise eines „3D Druckers" wird sich auf ein Modell beschränken, welches mit Hilfe des FDM-Verfahrens unter Verwendung von ABS Kunststoff arbeitet.

Mit einem „3D Drucker" können recht einfach Modelle erstellt werden. Ausgehend von dreidimensionalen Objekten, die auf einem gängigen CAD-System entworfen wurden, wie zum Beispiel Catia, werden STL-Daten abgeleitet, die eine spezielle Software (z.B. Catalyst) dann direkt verarbeiten kann.[15]

Nach dem Laden der Daten in die Verarbeitungs-Software wird das Objekt angezeigt und kann noch skaliert und gedreht werden. Sofern noch Platz auf der Bauplattform vorhanden ist, können noch weitere Objekte geladen werden. Jetzt werden automatisch die Druckdaten, beziehungsweise die Verfahrwege des Kopfes generiert und an den Drucker übertragen.[16]

Das eigentliche Baumaterial (Modeling Material) liegt in Drahtform vor und besteht aus einem ABS-Kunststoff (Acrylnitril-Butadien-Styrol). Dieser ABS-Draht fädelt sich automatisch ein und wird über Rollen (Drive Wheels) dem Druckkopf zugeführt, dort verflüssigt (im Heater Block) und in ca. 0,25mm dicken Schichten spurweise durch eine Düse (Tip) herausgepresst. Dabei entsteht das Objekt schichtweise von unten nach oben, wobei sich die einzelnen Bahnen und Schichten durch thermische Verschmelzung verbinden. Auch die Stützkonstruktion, die beliebige Hinterschneidungen möglich macht, wird auf dieselbe Weise aufgebaut, geht allerdings mit dem eigentlichen Objekt keine Verbindung ein. Der Drucker verwendet dafür einen zweiten Kunststoff (Support Material). Damit werden Konturen, unter denen sich sonst nur Luft befinden würde, unterlegt.

---

[15] Vgl. http://www.medacom.de
[16] Vgl. http://www.auge.de

Nach Abschluss des Druckprozesses wird das Stützmaterial herausgebrochen oder mit einer Lauge ausgewaschen. Die folgende Darstellung veranschaulicht das Prinzip.[17]

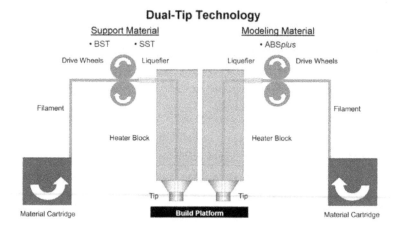

Abbildung 2:   Funktionsweise eines „dreidimensionalen Druckers"[18]

[17] Vgl. http://www.auge.de
[18] Vgl. http://www.medacom.de

4 Einsatzgebiete der Rapid Technologie in ausgesuchten Branchen

Die Einsatzgebiete und Möglichkeiten von Rapid Technologie sind groß. Im Prinzip nur in der Größe begrenzt, ist es möglich, selbst feinste Details abzubilden. Das fertige Objekt kann direkt nach der Erstellung oder zu jedem späteren Zeitpunkt nachbearbeitet werden. Es ist möglich, die Modelle zu schleifen, zu spachteln, zu lackieren, zu bohren, zu sägen oder auch miteinander oder mit anderen Materialien zu verkleben. Nach entsprechender Vorbehandlung ist sogar verchromen möglich. Fertige Modelle sind sofort nach Erstellung formstabil und UV- beständig in Temperaturbereichen von -30°C bis +80°C und zeichnen sich durch ihre hohe Schlagzähigkeit aus.[19]

4.1 Architektur, Landschaftsplanung

Der Modellbau im Architekturbereich ist ein aufwendiger Prozess. Immer neue Freiheitsgrade der Bauphysik fragen nach neuen Möglichkeiten der Modellerstellung. Gerade in der Architektur oder der Landschaftsplanung dauert die Umsetzung eines Projektes oft mehrere Jahre. Durch Rapid Prototyping können schon während der Konzeptionsphase erste Entwürfe über Nacht zu geringen Kosten hergestellt werden. Das hat den Vorteil, dass Missverständnisse vermieden und Fehler frühzeitig erkannt werden können. Außerdem kann der Bauherr viel enger in die Planung einbezogen werden, weil die Idee selbst von Laien besser verstanden wird.[20]

---

[19] Vgl. http://www.medacom.de
[20] Vgl. http://www.objectplot.de

Abbildung 3:   Ein mit Rapid Prototyping erstelltes Gebäude[21]

4.2 Maschinenbau, Ingenieurwesen (der Automobilbranche)

Rapid Technologie, speziell Rapid Prototyping und Rapid Manufacturing er-
leichtern die Arbeit von Maschinenbauern und Ingenieuren, angefangen bei der
Entwurfserstellung bis hin zur Produktionsplanung. Die gefertigten Modelle
werden zur Überprüfung neuer Designkonzepte herangezogen und können
auch mit Produktionsteilen montiert werden, um Passgenauigkeit, Form und
Funktionalität zu überprüfen. Außerdem können die Teile schon vorab auf ihre
Verhaltensweise im Windkanal überprüft werden.[22]

Abbildung 4:   Von einem 3D Drucker gefertigt: Das Fahrzeug der Fakultät Gestaltung der Hochschule für
                 Angewandte Wissenschaft und Kunst, Hildesheim[23]

---

[21] Vgl. http://www.3d-reproduktion.de
[22] Vgl. http://www.objectplot.de
[23] Vgl. http://www.abendblatt.de

4.3 Design, Modellbau

Für Hersteller von designorientierten Produkten wie beispielsweise Schuhen, Verpackungen, Spielzeugen und Entwurfsmodellen kann der oft hektische Designprozess beschleunigt und verbessert werden. Schnell lassen sich Modelle für Testgruppenstudien oder Modelle für Designüberprüfung und Demo-Verkaufsmodelle erstellen. Das geistige Eigentum ist dabei aber zu jeder Zeit geschützt und muss nicht aus der Hand gegeben werden. Damit sind Entwicklungen und Entwürfe geschützt, weil die Modelle direkt in der betreffenden Abteilung des Unternehmens erstellt werden können und nicht von einem externen Modellbauer, bei dem das Risiko einer Sicherheitslücke besteht.[24]

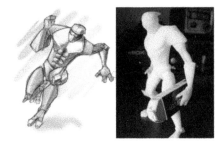

Abbildung 5:   Von der ersten Skizze bis zum fertigen, „ausgedruckten" 3D Modell[25]

---

[24] Vgl. http://www.objectplot.de/wer.php
[25] Vgl. http://www.auge.de

4.4 Ausbildung

Mit Rapid Prototyping kann eine Bildungseinrichtung fachbereichsübergreifend Studenten ermöglichen, Zugriff auf ihre physikalischen Modelle, wie Entwicklungen, Designs oder Ideen zu bekommen.

Außerdem können mit Rapid Prototyping schnell kostengünstige, auch mehrfarbige Modelle zur Veranschaulichung in Unterricht oder Vorlesung erstellt werden.[26]

Abbildung 6:   "The Hand" zeigt ein komplettes Wohngebäude, deren Etagen in der Form einer Hand gebaut wurden. Schön sind dabei die Details, wie kleine Sofas, Treppen und Stehlampen. Im Untergeschoss parkt sogar ein Auto. Die Etagen des Modells sind in unterschiedlichen Farben gehalten, die schon so "gedruckt" werden. Das Modell kommt also komplett in Farbe aus dem 3D-Drucker.[27]

---

[26] Vgl. http://www.objectplot.de/wer.php
[27] Vgl. http://www.shop.community.rapidobject.com

4.5 Medizin

Vor allem zur Vorbereitung komplexer operativer Eingriffe eignet sich das Verfahren des 3D Rapid Prototyping. Ganze Schädelregionen oder Teile des Bewegungsapparates werden anhand von Daten aus der Computertomografie als dreidimensionales, detailgetreues Modell des Patienten abgebildet. An diesem Modell können die Chirurgen vor dem eigentlichen Eingriff mit Original Instrumenten aus dem OP üben und beispielsweise die günstigste Stelle finden, um Instrumente in den Schädel einzuführen. Operationsrisiken werden gerade bei Dentalimplantationen und in der Neurochirurgie, wo es auf höchste Präzision ankommt, entscheidend minimiert.

Nicht nur der Patient, sondern auch der Kostenträger profitiert von den effizienten und an Modellen perfektionierten Operationstechniken. Oft sind es einfache Faktoren, wie beispielsweise an Modelle angepasste Implantate, die maßgeblich zur Reduzierung der Behandlungskosten beitragen. Auch in der Wiederherstellungsmedizin können durch den Einsatz von Prototypen oft zusätzliche Operationen vermieden werden.[28]

Abbildung 7:   „3D Ausdruck" eines Fußknöchels[29]

---

[28] Vgl. http://www.kunststoffe.de
[29] Vgl. http://www.3d-prototyp.com

5 Abschließende Betrachtung

Die neue Technologie des Rapid Prototyping, kann in vielen verschiedenen Bereichen Anwendung finden. Ob sich die Anschaffung einer solchen Anlage lohnt, ist stark abhängig von der eingeschlagenen Wettbewerbsstrategie und deshalb nicht allgemeingültig. Zum einen ist die Frage entscheidend, welches das optimale Rapid Prototyping Verfahren für das Unternehmen darstellt. Zum anderen sollten einige technische Kriterien für den wirtschaftlichen Einsatz von Rapid Prototyping Verfahren gegeben sein.

Die Modelle sollten eine gewisse Komplexität aufweisen und für die Konstruktion sollte standardgemäß ein 3D-CAD-System verwendet werden. Außerdem sollte die Entwicklungszeit für eine gute Marktposition einen entscheidenden Faktor darstellen.[30]

Sind diese technischen Kriterien nicht gegeben, muss davon ausgegangen werden, dass der Einsatz von Rapid Prototyping technisch und wirtschaftlich nicht sinnvoll ist.

Ist man zu der Entscheidung gelangt, dass es sinnvoll ist, Rapid Prototyping Verfahren im Unternehmen anzuwenden, sollte man sich noch über folgende Fragen Gedanken machen:

Welches Rapid Prototyping Verfahren erfüllt die jeweiligen Anforderungen bezüglich Qualität und Bauzeit Optimal?

- Es gibt verschiedene Rapid Prototyping Verfahren, die alle unterschiedlich sind und einen andern Schwerpunkt bezüglich Genauigkeit, Detaillierung, Oberfläche, Material, Abmessung und Eigenschaften haben. Jedes Unternehmen muss im Einzelfall prüfen, welches Verfahren das für sie Sinnvollste ist, je nachdem welche Anforderungen an das Modell oder die Kleinserie gestellt werden.[31]

---

[30] Vgl. A. Gebhardt, Rapid Prototyping, München, 2000, S. 317
[31] Vgl. A. Gebhardt, Rapid Prototyping, München, 2000, S. 321

Welche Kosten entstehen durch den Einsatz eines solchen Verfahrens?

•   Hier sollten vor allem die Investitionskosten, Raumkosten, Kosten für Wartung und Instandhaltung, Materialkosten, Betriebskosten und Personalkosten bedacht werden.[32]

Sowohl die Frage, ob Rapid Prototyping überhaupt eingesetzt werden soll, als auch der Einsatz des optimalen Verfahrens ist unabhängig davon, ob die Modelle im eigenen Haus produziert, oder durch einen externen Dienstleister gefertigt werden.

Für den Einsatz des Rapid Prototyping Verfahrens im eigenen Haus spricht:

•   Die Aneignung von spezifischem Wissen über dieses Verfahren und damit verbundene Wettbewerbsvorteile.

•   Bei voller Auslastung der Anlage ist der größtmögliche „Profit" zu realisieren

Für die Beauftragung eines externen Dienstleisters sprechen folgende Punkte:

•   Der Einkauf von Modellen bei Dienstleistern erfolgt zu vorher abgesprochenen Preisen und ist unabhängig von der Auslastung.

•   Durch den Wettbewerb unter den Dienstleistern wird immer die neuste Technologie verfügbar sein und man muss sich auf kein Verfahren festlegen. Man kann immer das für das Produkt optimale Verfahren wählen.

•   Es ist kein qualifiziertes Personal notwendig.

•   Auftragsschwankungen lassen sich leichter „abfangen"

•   Es müssen keine Investitionen getätigt werden.[33]

---

[32] Vgl. A. Gebhardt, Rapid Prototyping, München, 2000, S. 321
[33] Vgl. A. Gebhardt, Rapid Prototyping, München, 2000, S. 328

Literaturverzeichnis

Bücher:

Gebhard, A. (2000). *Rapid Prototyping Werkzeuge für die schnelle Produktentstehung* (Bd. 2). München, Wien: Hanser.

Gebhard, A. (2008). *Rapid Prototyping Werkzeuge für die schnelle Produktentstehung* (Bd. 3). München, Wien: Hanser.

Internet:

http://www.abendblatt.de/region/norddeutschland/article1524886/Das-Auto-das-aus-dem-Drucker-kommt.html

http://www.auge.de/usermagazin/hardware/3d-drucker-dreidimensionale-gegenstaende-selber-drucken

http://www.dimensionprinting.com/international/DE/applications/functionaltesting.aspx

http://www.expoplast.de/

http://www.kunststoffe.de/ku/o_np.asp?task=1&lang=d&p_id=200804031443-89&navid=2010070683986

http://www.medacom.de/produkte/stratasys/html/dimension.php

http://www.medacom.de/produkte/stratasys/html/faqs.php

http://www.objectplot.de/wer.php

http://www.shop.community.rapidobject.com/shop/products/view/1

http://www.3d-prototyp.com/einsatzgebiet.html

http://www.3d-reproduktion.de/3d_architecture.html

http://www.3ds.com/de/products/catia/portfolio/catia-v6